不忘初心

图说廖俊波的故事

◎孙朱萍 编著

海峡出版发行集团
THE STRAITS PUBLISHING & DISTRIBUTING GROUP

福建美术出版社
FUJIAN FINE ARTS PUBLISHING HOUSE

话音刚落，意外发生——车辆突然失控侧滑，重重地砸向了金属护栏。救护车迅速赶到，然而一切为时已晚。

　　"天妒英才！"噩耗传出，八闽含悲。2017年3月24日，是廖俊波出殡的日子。遗体告别仪式上，来自北京、香港、福州各地的哀悼者络绎不绝，亦有来自美国、菲律宾的哀悼者。

　　灵堂外，送别的人群将前后数十里的街道挤得水泄不通，怀念廖俊波的声音此起彼伏，人们述说着廖俊波的事迹……

  原来，这位倒在加班路途上的中年男子就是 2015 年刚刚获得习近平总书记接见的"全国优秀县委书记"廖俊波。他年仅 48 岁，是一个有着跑不完的工地、忙不完的工作、使不完干劲的"樵夫"。

　　女儿廖质琪至今还记得父亲任邵武市拿口镇镇长时与她的一次对话。那时，年幼的廖质琪问："爸爸，你是拿口镇最大的人吗？""不，爸爸是全镇最小的人，因为爸爸是为全镇人服务的。"女儿问得天真，廖俊波答得认真。

　　1998 年，廖俊波任邵武市拿口镇党委副书记、镇长，摆在他面前的第一个任务就是百年不遇特大洪灾的灾后重建。

　　廖俊波挨家挨户探访情况，很快就把受灾的几百户人家都走了个遍。

农民吴炳贤盖新房时不小心砸伤了腿，眼睁睁看着别人盖房，却只能干着急。

廖俊波得知后，多次上门看望吴炳贤，并帮他出钱请人代建房。

1999 年春节，吴炳贤在内的 500 多户居民在新房里高高兴兴地过上了新年。

　　2007年，廖俊波走马上任荣华山产业组团管委会主任。他赤手空拳赴浦城县负责筹建工作，一起赴任的只有副主任刘晖明和司机。

　　面对一片待开发的山包，没有规划，他找规划单位来做规划设计；没有土地，他与浦城县委、县政府沟通协调征地拆迁。

没有基础设施，他带领大家修路、挖沟、排水。

　　为了招商引资，他四年间驱车 36 万公里，常年奔波在浙江、广东等地。四年间，完成征地 7000 多亩，招商引资签约项目 51 个，开工项目 23 个，总投资 28.03 亿元。浦城人惊呆了，直呼"廖俊波创造了奇迹"！

政和县人民政府

2011 年 6 月，廖俊波任政和县委书记。当时的政和县被人戏称为"省尾"，经济发展各项指标长期居全省末位。"当官当到政和，洗澡洗到黄河。"当地流传了这么一句谚语。

廖俊波不这么想，他做的第一件事就是组织开展了为期两个月的调研。

　　"政和的夏天炎热难耐，手臂晒脱皮，身上起疹子……"时任政和县县长的黄爱华对那次调研仍记忆深刻，"廖书记带着大家下乡村、进厂矿、访社区，我也是第一次这么深入地了解政和。"

　　经过深入调研，廖俊波感到，政和县的经济状况不佳，首要目标是提高干部群众的信心。

政和县经济发展务虚会

　　"把人心聚拢起来，把信心提振起来，政和才有可能发展。"廖俊波组织全县副科级以上单位负责人，开了三天的发展务虚会，统一思想、凝聚共识。

工业　城市
旅游　回归

　　"政和只能有一个声音，就是政和好声音；政和只能有一个目标，就是一切为了政和的光荣与梦想。"廖俊波提出，政和发展必须扬长避短，走特色化、差异化的路子，在抓好现代农业的基础上，致力于突破工业、城市、旅游、回归等"四大经济"。

干事创业首先靠人，廖俊波"三顾茅庐"的故事一个接着一个。时任县政协副主席的刘斌原想"退居二线"，没想到廖俊波几次找他谈话，希望他任项目组组长。

　　许绍卫，时任县人大副主任。廖俊波先后三次登门拜访，请他兼任县城驻地的熊山街道党工委书记。"廖书记再三动员，见我说自己年龄大了、头发白了，第二天就送了一盒染发剂给我。"

　　以诚待人、以情动人、以心交人，这就是廖俊波让身边人变"要我干"为"我要干"的秘诀！

　　功夫不负有心人，2012年政和县域经济发展指数提升35位，上升幅度全省最大；2013-2015年县域经济蝉联全省县域经济发展"十佳"行列；全县财政总收入从2011年的1.6亿元上升到2016年的4.5亿元，实现了巨变。

　　2011 年，廖俊波刚到政和不久，听说一件事：政和已经 25 年没出过一个清华、北大生，许多有条件的家长舍近求远，将孩子送往外地就学。

次日，廖俊波带上分管教育局的副县长，夜访政和一中。

　　"书记看得很细，一间间教室、一个个办公室走过，仔细翻阅学生的作业本、老师近期在读的书刊。"政和一中校长魏明彦回忆。

　　那晚，廖俊波在学校一直待到晚自习结束，临走前他们还站在楼前小空地上聊了半个多小时。

　　魏校长的建议，廖俊波都记在心上。在增加教育经费的同时，廖俊波亲自协调，推进与福州名校教师结对子工作，增加师资力量。后来，政和到福建师大附中、福州一中挂职、培训的教师越来越多，而省城这两所学校每年也有教师走进政和一中的课堂。

　　在政和期间，每年高三毕业班的质检分析会，廖俊波必定参加，他与老师们一起分析解读各项数据。"会前，书记一定会找我要三份材料：学生排名表、单科成绩排名表及政和一中在全市所处情况的汇报。"魏明彦说，因为廖书记事先对总体情况有了解，所以说的问题、提的建议都实实在在。

　　一天，廖俊波对妻子林莉说："20多年来，我们政和终于有个学生考上了北大！"说这话时，廖俊波看起来比自己女儿考上大学还要开心。

　　关于如何办好教育，廖俊波还经常向自己做老师的妻子林莉取经。林莉开玩笑道："你是不是忘了，我们学校跟你们政和一中可是竞争对手？"

2013 年以来，政和本地去外地读中学的学生越来越少了。

　　2013 年 5 月，铁山镇东涧村的几个村民在村口聊天，廖俊波来了，和他们拉起了家常："最近有什么困难需要我解决吗？"

　　村民何天章直言，村里人平时喝山泉水，但一下雨，泉水就变浑，大家很苦恼。廖俊波当场就给县住建局负责同志打电话，要求他们帮助解决。

　　两个月后，一个崭新的过滤池在山泉边建成，这下好了，村民们不管什么天气都能喝上清澈的水。

　　在政和县城关渡头洋居住着一位七旬老人张承富，他的门口流淌着一条河，附近住户一直筹划自建一条栈道以便出行，但因为资金问题迟迟未能如愿。

2015 年 5 月，老人抱着试试看的想法找到了廖俊波。

廖俊波立马召集有关部门负责人研究，并将修栈道列为民心工程。

2016 年 6 月，栈道终于修通了。

　　老人写下一副对联："当官能为民着想，凝聚民心国家强"，横批是"俊波您好"。对联贴上就再也没有揭下。

　　2017 年 4 月 8 日上午，政和县石屯镇松源村石圳自然村，村民黄小妹当着记者的面再次唱起了那首自己写的快板小曲："石圳是个'垃圾村'，满地都是垃圾堆……书记和我们一家亲，不分白天和黑夜，三天两头看我们，石圳变得不一样……"唱到此处，泪水早已湿润了黄小妹的眼眶。

　　记得 2013 年，作为村巾帼理事会的一员，黄小妹在当时的村妇女主任袁云机带领下，和其他八位姐妹一起，发动村民搬走堆积了几十年的垃圾山。而这个外人掩鼻绕道的垃圾村也逐渐发展成游客纷至沓来的美丽乡村。

　　"小事你做，大事请示，不然来不及。""赚钱的留给农民来，不赚钱的基础配套等项目就由我们来做。"廖俊波的叮嘱，至今言犹在耳。

　　廖俊波把时间都用在了工作上，每天的日程从早安排到晚，常常只睡三四个小时。就是这样，他也总是说说笑笑，浑然不觉得苦和累。

　　2015 年，廖俊波任南平市人民政府副市长。每当有人劝他："廖市长，要注意身体，不要太累啊！"他就立刻做出了一副精神振奋的样子答道："我不累，工作是快乐的哟！"

　　"廖市长是一个非常乐观、幽默的人，你们千万不要把他写成一个工作狂。"尽管在许多人的叙述中，他的故事除了工作、工作还是工作，但他们依然认为他很快乐，"这种快乐是发自内心的，他真的把工作当成了一种爱好，把全心全意为人民服务当成自己毕生追求的事业。"

　　曾任政和县县委办主任的叶金星记得，大家在政和县陪廖俊波加班时，有时觉得很累，廖书记就会说："我唱首歌给大家听。"他经常唱的一首歌就是《蜗牛与黄鹂鸟》，大家听着听着，也就不累了。

武夷新区"百日攻坚"动员会

　　2017 年，南平市武夷新区"百日攻坚"动员会上，廖俊波说了这样的开场白："开局就是决战，起步就是冲刺。"

廖俊波对武夷新区闽铝轻量化车厢和物流车项目十分关心。

　　廖俊波每天去工地两趟，上午一趟，晚上 11 点一趟，就为了确保项目开工 69 天后投产。

　　有一次他到北京出差，因为没来得及买飞机票，只能坐高铁回来。坐了7个多小时的车，他并不休息，一到武夷新区，就马上到各个工地上看一遍。

  工地看完后，他先听取了一些建设单位的汇报，然后从晚上 7 点半开会，直到次日凌晨 1 点。

　　妻子林莉知道他晚上要工作，虽长期两地分居，却养成了晚上 11 点半前不"吵"他的习惯。等到晚上 11 点半，林莉就给他发条微信，如果他忙完了，就会给林莉打个电话；如果没忙完，就回一个字——忙。

　　廖俊波被中央组织部评为"全国优秀县委书记"后，全家人都为他感到高兴。廖俊波高兴的同时，也深知责任和压力更大，他对妻子林莉说："组织上给了这么高的荣誉，除了更加努力工作，没有其他办法报答组织的恩情。"

　　他的妻子林莉说，他是一个特别浪漫的人，虽然很久才能见面一次，但每逢她的生日，他总会给她惊喜，还会和女儿一起营造温馨和谐的家庭氛围。

　　他的女儿说，他虽然在家庭三人组的微信群里几乎不怎么说话，但她说过的话他都记在心上。小时候她想养蚕、养兔子，每次都是说完没多久爸爸就会买回来。

　　"你知道为什么飞机会在天上飞吗？因为星星会一闪一闪……"女儿至今还记得爸爸逗她的时候模仿飞机的姿势。

　　2009 年暑假，林莉和女儿去桂林旅游，返程时是周末，到达南平已是凌晨 3 点多钟。

　　母女俩刚从车上下来，眼尖的女儿突然发现公交站路灯下爸爸的身影。

　　原来，廖俊波当天恰巧从浦城回到南平，他细心地记得她们回程的时间，于是在家煮好饭菜，前来"接驾"："你们怕黑，有我在，你们就不怕了。"

　　在外人眼里，廖俊波或许是一个工作至上的工作狂，但在家人眼里，他是一位热爱家庭、热爱生活的好儿子、好丈夫、好父亲。

难得与父母在一起时，廖俊波会在厨房帮母亲做饭，陪父亲下下棋、聊聊天。

每年，他都坚持给父母买一套衣服、添一双鞋子。

　　他跟林莉说："我工作忙，家里你费心了，逢年过节，别忘了给咱爸妈买东西、发信息。"而父母却宽慰他：组织信任你，你把工作做好了，不辜负组织就是孝。为了不给儿子添麻烦，老人不顾水土不服、气候不适，选择住在北京的女儿家。

2017 年 3 月 18 日下午，在市里开完会回到家，廖俊波匆匆扒了几口饭。

　　他拎起林莉整理好的衣服和公文包，就要回武夷新区继续工作。临别前，林莉劝道："雨下这么大，这个会又是你召集的，就不能推一推？""会议已经安排好了，不能改啊！"

廖俊波笑着与妻子深情道别。不曾想，这一别，竟成永别。

　　这位辛劳的"樵夫"走了，但他不忘初心、心系群众、无私奉献的精神永远不会被磨灭。他是当之无愧的"时代楷模"。